Nature en danger

Alles Digitale zu diesem Buch kann auf der Lernplattform **allango** von Ernst Klett Sprachen abgerufen werden. So geht's:

QR-Code scannen oder **www.allango.net** aufrufen | Buchtitel oder ISBN in der Suche eingeben und auf das Buchcover klicken | Zum Inhalt navigieren, direkt abrufen oder speichern

Dieses Symbol bedeutet, dass zu einem Buch-Abschnitt ein digitaler Inhalt verfügbar ist.

Julie Chauvet

Nature en danger

Ernst Klett Sprachen
Stuttgart

1. Auflage 1 [4 3 2 1] | 2028 27 26 25 24

Internetadresse: www.klett-sprachen.de

Redaktion: Edith Michaelsen
Layoutkonzeption: Andreas Drabarek
Gestaltung und Satz: Joachim Schrimm, ETYPO, Friolzheim
Umschlaggestaltung: Andreas Drabarek
Umschlagbild und Illustrationen: Manboou, La Louvière, Belgique
Tonaufnahmen und Schnitt: EVA France St'501
Sprecher: Justine Boschiero, Adam Chekroune, Morgane George, Denis Germain, Marine Goldwaser, Maïa Guéritte, Régis Kanté, Manon Klein, Maxime Kuhm, Margaux Lagleize, Ingrid Lefrançois, Marko Mayerl
Druck und Bindung: Plump Druck & Medien GmbH, Rheinbreitbach

Printed in Germany

ISBN 978-3-12-591011-9

PEFC
Förderung nachhaltiger Waldbewirtschaftung
PEFC/04-31-3752
www.pefc.de

Table des matières

Das Hörspiel und andere Extras sind online verfügbar:
Zugangshinweise findest du auf Seite 1 des Buches.

Vorwort

Liebe Schülerin und lieber Schüler,

Lesen sollte zuallererst Spaß machen. Eine spannende Geschichte kommt aber nicht ohne einige Vokabeln aus, die du nach einem Jahr Französisch noch nicht kennst. Diese werden jeweils am Seitenende erläutert.

Wenn sich Jugendliche (aber auch Erwachsene) im Alltag unterhalten, benutzen sie vorzugsweise das „français familier", das umgangssprachliche Französisch. Das hat z. B. folgende Merkmale:

- Bei Verneinungen fällt oft das ne weg:
  je sais **pas** statt je **ne** sais **pas**
- Bei Fragen wird die Intonationsfrage bevorzugt, in welcher die Reihenfolge der Wörter die gleiche bleibt, wie bei einem Aussagesatz:
  Tu sais pourquoi ? statt Est-ce que tu sais pourquoi ?

Damit du dich aktiv mit dem Inhalt der Lektüre auseinandersetzen kannst, werden dir Aktivitäten zu jedem Kapitel der Lektüre ab S. 40 angeboten. Diese prüfen sowohl die Kompetenzen des Lese- als auch des Hörverstehens.

Das Hörspiel zur Lektüre steht dir zum Herunterladen auf allango zur Verfügung (s. bitte die Hinweise auf Seite 1).

Und nun viel Spaß beim Lesen und Zuhören!

Chapitre 1

Heureux et aussi un peu nerveux, Nathalie et Jean-Marc Paillet préparent l'arrivée d'Alma, Éthan et Farid. Nathalie lit les informations sur les trois jeunes.

Alma
Âge : 15 ans
Ville : Paris
Intérêts : la chanteuse Hoshi, écrire des textes de chanson
Problèmes : Des élèves du collège harcèlent Alma.

Éthan
Âge : 14 ans
Ville : La Courneuve, près de Paris
Intérêts : la musique rap et les voitures
Problèmes : Il a volé des vêtements. Son grand frère est en prison.

Farid
Âge : 16 ans
Ville : Cergy Pontoise, près de Paris
Intérêts : Les jeux vidéo et les sciences
Problèmes : Il est accro aux jeux vidéo et ne va plus au collège.

---

16 **voler qc** etw stehlen – 17 **une prison** Gefängnis – 22 **être accro aux jeux vidéo** *fam* videospielsüchtig sein

Chaque été, depuis trois ans, des jeunes en difficulté passent leurs vacances chez Nathalie et Jean-Marc, dans leur ferme bio près de Rennes, en Bretagne. Avec les Paillet, les jeunes découvrent la vie à la ferme : planter et récolter des fruits et des légumes, faire des conserves et des confitures dans le respect de l'environnement.

NATHALIE : Tu as lu la fiche d'Éthan ? À quatorze ans, il a volé des vêtements avec son grand frère ! Et le grand frère, maintenant, il est en prison !

JEAN-MARC : Oui, pas facile tout ça.

NATHALIE : Bon, j'espère que ces trois jeunes vont aimer notre ferme.

JEAN-MARC : Ne t'inquiète pas ! Au début, ils vont détester se lever tôt, ils vont être perdus sans leur portable et puis après…

NATHALIE : Ils vont adorer nager dans la rivière, monter sur le tracteur, faire des confitures…

JEAN-MARC : Et surtout, les manger !

---

4 **récolter qc** etw ernten – 13 **Ne t'inquiète pas !** Mach dir keine Sorgen! – 16 **une rivière** Fluss

Chapitre 2

Le soir de leur arrivée, Alma, Éthan et Farid aident à préparer le dîner dans la cuisine de la ferme. Alma coupe le pain fait maison. Farid mélange la vinaigrette pour la salade de tomates. De son côté, Éthan met la table, mais il a l'air énervé. Ça y est, le repas est prêt.

NATHALIE : Merci les jeunes et bon appétit !
ÉTHAN : C'est quoi ce plat ?
JEAN-MARC : Un gratin de légumes. Tu vas voir, il est excellent !
ÉTHAN : J'aime pas ça !
NATHALIE : Alors tu peux prendre de la salade de tomates ?

Éthan fait la grimace mais prend quand même des tomates. D'habitude, Farid n'aime pas trop les légumes, mais c'est vrai que le gratin est super bon. Alma, elle, adore les légumes, alors elle est contente. En plus, le pain fait maison est délicieux. À la fin du repas, elle demande :

ALMA : Qu'est-ce qu'on va faire ici à la ferme ?
JEAN-MARC : Ça change un peu tous les jours mais demain matin, par exemple, on va cueillir les fraises pour faire des confitures.
ALMA : On se lève à quelle heure ?
JEAN-MARC : À six heures.
ÉTHAN : Quoi ? À six heures ? Pendant les vacances ? C'est ouf !
NATHALIE : Mais vous êtes libres l'après-midi ! C'est cool, non ?
ALMA : On peut manger des fraises quand on les cueille ?

---

2 **couper qc** etw schneiden – 5 **énervé/énervée** genervt – 14 **délicieux/délicieuse** köstlich – 18 **cueillir** pflücken – 23 **C'est ouf !** *fam* **C'est fou !** Verrückt!

NATHALIE (elle rigole) : Bien sûr Alma ! Mais il faut en laisser pour les confitures !

ALMA : Vous vendez les confitures ?

JEAN-MARC : Oui, nous les vendons au magasin bio du village. Il a commandé trente pots, alors on a besoin de vous !

Farid est perplexe. Qu'est-ce qu'il fait dans cette ferme avec une fille chelou et un mini cassos au look de rappeur. En plus, le cassos a un tic : il tourne tout le temps sa grosse bague sur sa main droite.

Alma est contente. Ici, chez les Paillet, c'est un peu comme chez ses grands-parents au Portugal, à la campagne. Demain après-midi, elle va nager dans la petite rivière à côté de la ferme. Peut-être que le nerd qui ne dit jamais rien et le petit rappeur vont venir avec elle ?

Éthan, lui, est toujours énervé : contre lui-même et contre tout le monde. Il pense à son frère qui est en prison à cause de lui.

5 **commander qc** etw bestellen – 5 **un pot (de qc)** Glas, Topf, Becher, Dose – 7 **chelou** *fam* **louche** bizarre (komisch, merkwürdig) – 7 **un cassos** *fam* Asi – 8 **une bague** Ring

Chapitre 3

Cela fait quatre jours que Farid, Alma et Éthan sont à la ferme. Ce n'est pas facile d'être à six heures à la table du petit-déjeuner mais, comme le coq commence à chanter à cinq heures, impossible de dormir plus longtemps.

Alma et Farid ont cueilli les fraises et fait des confitures. Éthan n'a pas voulu participer. Alors, Jean-Marc lui a demandé de mettre du compost autour des tomates parce que c'est très bon pour la terre. Mais quand Éthan a vu tous les vers de terre dans le compost, il a fait la grimace et il est parti dans sa chambre.

Cet après-midi, Éthan dort dans la grange et Alma écrit son journal au bord de la rivière.

> *Jour 4*
> *J'aime cette ferme. Tout est joli ici. Quand j'ouvre la fenêtre de ma chambre, je vois un champ de fleurs sauvages. Jean-Marc appelle ça un « espace naturel ». Les insectes et les animaux profitent de ces espaces qui ne sont pas cultivés. C'est bon pour la biodiversité. J'apprends plein de choses ici et je ne pense plus au collège. Je vais peut-être me faire des amis ? Mais Farid le nerd ne parle pas beaucoup et Éthan le petit rappeur est toujours en colère contre quelque chose.*

12 **un ver de terre** Erdenwurm – 14 **une grange** Scheune – 15 **au bord** *(m)* **de qc** am Ufer von etw – 18 **un champ** Feld – 18 **une fleur** Blume – 19 **sauvage** wild – 19 **un espace** Raum, Platz

Farid et Nathalie sont chez Vincent, le propriétaire du magasin bio. Ils ont apporté les pots de confitures. Pendant que les adultes discutent, Farid voit une fille de son âge qui met une affiche sur la porte. Sur l'affiche, il y a des photos de chats et de chiens. Il est curieux et vient la lire.

Victoria : Salut, moi c'est Victoria et toi ?
Farid : Farid.
Victoria : Tu aimes les animaux ?
Farid : Euh, ouais, beaucoup !
Victoria : Super ! Tu as du temps ? Tu veux nous aider au refuge ? C'est ma mère la cheffe. Et mon père, c'est lui !
Farid : Ah, Vincent est ton père ? Je suis venu avec Nathalie pour apporter les confitures de fraises.
Victoria : Donc tu habites à la Colo ?
Farid : La Colo ?
Victoria : Ouais, c'est comme ça qu'on appelle la ferme de Nathalie et Jean-Marc parce que des jeunes passent leurs vacances chez eux. Pourquoi tu es là, toi ?
Farid : Je joue trop aux jeux vidéo.
Victoria : Oh moi aussi je joue trop ! Mais en ce moment, j'aide ma mère au refuge alors je n'ai pas le temps de jouer. Je fais aussi des vidéos des animaux du refuge pour Insta.
Farid : Oh cool !

---

16 **un refuge pour animaux** Tierheim – 19 **une colo** *fam* **une colonie de vacances** un centre de vacances pour les jeunes

VICTORIA : Alors, tu viens demain ? C'est facile à trouver. Tu marches à côté de la rivière un kilomètre et voilà ! (Elle regarde son portable.) Oh zut, je dois partir, je vais donner à manger aux chatons. Salut ! À demain ! *(elle se tourne vers son père)* Bisous papa, j'y vais !

VINCENT : Bisous ma grande ! À ce soir !

Quelle énergie, cette fille ! pense Farid. C'est sûr, il va aller au refuge demain !

---

4 **un chaton** un jeune chat

Chapitre 4

Quand Farid et Nathalie arrivent à la ferme, il y a une voiture de sport dans la cour. Éthan regarde la voiture.

Éthan : Eh Farid ! T'as vu la voiture de ouf !
Farid : Elle est à qui ?
Éthan : Au mec qui parle avec Jean-Marc dans la grange.

Nathalie retrouve son mari et le visiteur dans la grange.

Jean-Marc : Chérie, je te présente monsieur Bouzu. Il a hérité de la ferme du père Albert, notre très cher voisin.
Monsieur Bouzu : Oui, je suis son neveu. Albert n'a pas eu d'enfant alors j'hérite de sa ferme. Je vais la rénover.
Nathalie : Vous voulez vivre ici ?
Monsieur Bouzu : Oh non, je préfère habiter en ville mais pour les vacances, c'est super ! C'est dommage parce que ma ferme est un peu loin de la rivière. Vous avez de la chance, la rivière coule près de chez vous. J'adore nager !

Et il ajoute avec un grand sourire :

Monsieur Bouzu : Votre ferme est-elle à vendre ?
Jean-Marc : Ah non, pas du tout ! Mais vous pouvez venir ici pour profiter de la rivière, si vous voulez !
Monsieur Bouzu : Ah, euh oui, merci beaucoup ! Euh… Au village, on raconte que vous aidez des jeunes en difficulté ?
Nathalie : Oui, nous prenons trois jeunes chaque été. Avec nous, ils découvrent la nature et le travail à la ferme.
Monsieur Bouzu : C'est un beau projet social !

---

5 **un mec** *fam* un homme – 7 **hériter de qc** etw erben – 9 **un neveu, une nièce** Neffe, Nichte – 15 **couler** fließen – 21 **une difficulté** → difficile (≠ facile)

NATHALIE : Euh… Merci, c'est gentil.
JEAN-MARC : Bon, je dois maintenant porter tous ces bidons d'engrais chimique au point de collecte. J'ai besoin de place dans la grange.
MONSIEUR BOUZU : Euh… vous avez de l'engrais chimique ? Votre ferme est bio, non ?
JEAN-MARC : Mon père a utilisé ces engrais. Nous non. Nous ne travaillons pas contre la nature, mais avec la nature ! Bon, il faut mettre les bidons dans la camionnette. Les jeunes vont m'aider !
NATHALIE : Farid et Alma sont à la rivière mais Éthan ne fait rien. Je vais lui demander.
MONSIEUR BOUZU : Et moi aussi je vais vous aider ! Entre voisins, c'est bien normal !

Quand tous les bidons sont dans la camionnette, monsieur Bouzu rentre chez lui. Jean-Marc et Éthan vont au point de collecte des déchets dangereux.

1 **gentil/gentille** nett, freundlich – 2 **un bidon** Kanister – 3 **un engrais** Dünger – 3 **un point de collecte** Recycling-/Wertstoffhof – 9 **une camionnette** Kleinlaster

Chapitre 5

Quelques jours plus tard, pendant le ramassage des œufs, Alma demande à Farid :

ALMA : Farid, est-ce que je peux venir avec toi au refuge cet après-midi ?
FARID : Ben oui, pourquoi tu demandes ?
ALMA : Euh, comme tu me proposes pas, alors moi je pense que tu veux pas de moi.
FARID : Tu penses trop Alma !

L'après-midi, Alma trouve que le refuge est un paradis pour les animaux ! Les chiens faciles sont en liberté. Ils ont beaucoup de place pour jouer. Et les chiens difficiles sont dans des grands enclos. Dans une grande chatterie, il y a des chats et des chatons qui attendent une famille adoptive. Il y a aussi des chats sauvages qui viennent chercher à manger. Ils n'aiment pas le contact avec les gens. Alors, Victoria met une assiette de croquettes près de la rivière où ils viennent boire.

Victoria arrive au moment où Farid explique tout cela à Alma. Elle se présente à Alma.

VICTORIA : Bonjour, je suis Victoria.
ALMA : Salut, moi c'est Alma.
VICTORIA : Tu habites avec Farid à la Colo ?
ALMA : La Colo ?
FARID : Ben ouais, c'est comme ça qu'ils appellent la ferme. Tiens, j'y pense, tu as quoi, toi, comme problème Alma ?
ALMA : Euh, comment ça ?
FARID : Ben oui, pourquoi est-ce que tu es venue à la ferme ?

---

12 **un enclos (pour les animaux)** Tiergehege – 16 **des croquettes** *fpl* Trockenfutter

Alma rougit. Elle n'a pas envie de parler de ses problèmes de harcèlement au collège. Victoria comprend sa réaction et dit :

Victoria : Farid, tu peux apporter les croquettes aux chats sauvages, s'il te plaît ?

Quand Farid est parti, Victoria ajoute :

Victoria : Parfois, Farid n'est pas très diplomate.
Alma : Ouais je sais. J'ai eu des problèmes cette année au collège et c'est pour ça que je suis à la… Colo. Mais j'ai pas trop envie d'en parler.
Victoria : Pas de problème ! Bon viens, on va voir les chiens. Tu peux m'aider à faire une vidéo pour les réseaux sociaux ?
Alma : Avec plaisir !

Alma trouve Victoria super sympa. Peut-être qu'elles peuvent devenir amies ?

Victoria : Alma, regarde Farid ! Les chats sauvages n'ont pas peur de lui ! Surtout le chat noir ! Farid n'est pas très diplomate avec les gens mais il a du talent avec les animaux !

Alma rigole.

---

12 **Avec plaisir !** Ja, gerne!

Chapitre 6

Pendant le dîner, Farid et Alma racontent leur après-midi au refuge. Éthan pense : Farid a seize ans mais il est comme un petit garçon quand il parle des chats sauvages. C'est ridicule ! Tout à coup, on sonne à la porte. C'est monsieur Bouzu.

MONSIEUR BOUZU : J'espère que vous n'avez pas encore mangé le dessert ! J'ai apporté un délicieux kouign-amann !
JEAN-MARC : Oh ! Ça alors ! Quelle bonne surprise !
ALMA : C'est quoi un kouign-amann ?
MONSIEUR BOUZU : Un gâteau breton. C'est excellent !
ÉTHAN : Vous êtes venu avec votre voiture de sport ?
MONSIEUR BOUZU : Oui, tu veux faire un tour plus tard ?
ÉTHAN : Oh ouais ! Trop bien !
MONSIEUR BOUZU : Et vous autres ?
ALMA : Non merci, moi je vais lire.
FARID : Désolé, mais les voitures de sport, c'est pas mon truc.
MONSIEUR BOUZU : Comment c'est possible ! Les voitures de sport intéressent tous les garçons !

Éthan pense : « Ouais exactement. Certains aiment les voitures de sport et les autres préfèrent les chatons ! »

---

6 **ridicule** lächerlich

Alma chuchote à Farid :

ALMA : Laisse tomber, il a trop de préjugés, le Bouzu !

JEAN-MARC : Moi, je viens avec vous ! Allez, on le mange ce kouign-amann ?

2 **Laisse tomber !** *fam* Vergiss es! – 2 **un préjugé** Vorurteil → avoir des préjugés contre une personne

Chapitre 7

Éthan et Jean-Marc sont assis dans la voiture de monsieur Bouzu. Éthan pense à son frère.

ÉTHAN : Mon frère va parfois à des courses de voitures.
MONSIEUR BOUZU : Ah, ton frère a l'air cool !
ÉTHAN : Ouais mais il a des problèmes avec la police.
MONSIEUR BOUZU : Oh ! Tu sais, on fait tous des bêtises quand on est jeune. Moi, j'ai volé une moto.
JEAN-MARC : Oh mais ce n'est pas bien du tout !
MONSIEUR BOUZU : Oui, je sais. Cette erreur de jeunesse est une bonne leçon. Maintenant, je travaille dur pour avoir de belles voitures !

Monsieur Bouzu fait vrombir le moteur. La voiture va vite sur les petites routes de la campagne bretonne. Éthan adore ça. Et Jean-Marc aussi !

Plus tard, quand Jean-Marc retrouve Nathalie, ils discutent de monsieur Bouzu. Nathalie ne l'aime pas trop parce qu'il est venu dîner chez eux sans invitation.

JEAN-MARC : Oui, mais il a apporté un gâteau ! Et puis, Éthan a adoré le tour en voiture !

---

3 **une course de voiture** Autorennen – 6 **une bêtise** Dummheit – 10 **travailler dur** hart arbeiten – 12 **vrombir** brummen – 13 **la campagne** ≠ la ville

NATHALIE : Tant mieux pour Éthan ! Il n'a pas l'air très heureux avec nous. Peut-être qu'il peut aller au refuge avec Farid et Alma ? Je vais parler avec eux demain.

1 **Tant mieux !** Umso besser!

Chapitre 8

Le lendemain, Nathalie est dans la cuisine avec Farid.

NATHALIE : Tu vas au refuge cet après-midi avec Alma ?
FARID : Oui, bien sûr !
NATHALIE : Éthan a l'air triste tout seul l'après-midi. Il peut peut-être venir avec vous au refuge ?

Farid n'a pas envie d'être avec Éthan au refuge. Il va mettre une mauvaise ambiance. Alors Farid invente une réponse.

FARID : Je lui ai proposé ce matin mais il préfère rester ici.
NATHALIE : Ah bon ? Alors OK, c'est comme il veut !

L'après-midi, c'est la catastrophe au refuge !

ALMA : Victoria, qu'est-ce qui se passe ?
VICTORIA : Les chats sauvages sont malades. Ils restent à côté de la rivière sans bouger. Le vétérinaire a fait des analyses. On attend les résultats demain.
ALMA : C'est horrible !
VICTORIA : Farid, tu as ajouté quelque chose dans l'assiette des chats sauvages, hier ?

---

1 **le lendemain** am nächsten Tag – 7 **une ambiance** Stimmung – 7 **inventer qc** etw erfinden – 15 **un/une vétérinaire** Tierarzt, Tierärztin

Farid : Moi ? Non ! Pourquoi ?

Victoria (paniquée) : C'est bizarre, tu donnes à manger une fois aux chats sauvages et ils tombent malades le lendemain !

Alma : Attends Victoria ! Farid adore les animaux ! Farid, dis quelque chose !

Farid : Ben, je sais pas quoi dire. Je comprends pas.

Alma : Victoria, s'il te plaît, c'est pas cool !

Victoria : Farid, tu peux rentrer à la Colo, s'il te plaît ?

Victoria laisse Alma et Farid et va voir sa mère qui parle avec le vétérinaire. Alma demande à Farid :

Alma : Ça va Farid ? Victoria est vraiment pas sympa ! Elle t'accuse mais elle n'a pas de preuve !

Farid : Ouais, je sais. J'ai rien fait ! J'en ai assez, je rentre à la ferme.

Alma : Allez, t'inquiète pas, les chats vont aller mieux ! Je te raconte tout ce soir.

À la ferme, Farid s'assoit à côté de la rivière. Il a très envie de jouer à ses jeux vidéo, mais ce n'est pas possible. Près de la grange, Éthan parle avec monsieur Bouzu. Farid pense : « Ils parlent de voitures, c'est sûr ! Ces deux-là vont bien ensemble ! ». Puis, pour passer le temps, Farid ramasse des cailloux et les jette dans la rivière. Tout à coup, il voit un truc bizarre.

---

12 **accuser qn de qc** jdm für etw die Schuld geben – 12 **une preuve** Beweis → prouver qc – 22 **un caillou, des cailloux** Kieselstein

Chapitre 9

Plus tard, quand Alma rentre du refuge, elle passe voir Farid dans sa chambre.

ALMA : On a donné des médicaments aux chats sauvages. Mais ils n'ont pas mangé leurs croquettes.
FARID : Alma, j'ai vu deux poissons morts dans la rivière ! Les chats sauvages boivent l'eau de la rivière, peut-être que c'est le problème ?
ALMA : Oh là là ! Viens, on va voir Jean-Marc !

Alma et Farid expliquent la situation.

JEAN-MARC : Quelle catastrophe pour la région ! Les pauvres animaux ! Bon, on va appeler les gendarmes ! Ils vont faire des analyses de l'eau de la rivière.

Quand Éthan entend que les gendarmes vont venir à la ferme, il devient nerveux. Un peu plus tard, Alma court jusqu'au refuge pour tout raconter à Victoria.

VICTORIA : Alors le problème vient de l'eau de la rivière ?
ALMA : On va savoir demain. Comment vont les chats ?
VICTORIA : Mieux, et ils mangent bien sauf le chat noir, le préféré de Farid !
ALMA : À propos de Farid : est-ce qu'il peut revenir au refuge ?
VICTORIA : Oui bien sûr ! J'ai été vraiment nulle hier, pardon. Dis-lui de revenir. Le chat noir l'attend !

---

5 **un poisson** Fisch – 18 **sauf** außer

Chapitre 10

Quelques jours plus tard, les analyses de l'eau montrent qu'il y a trop de nitrates dans la rivière. Les nitrates viennent probablement d'engrais chimiques.

Les gendarmes interrogent les Paillet parce que leur ferme est à côté de la rivière. Mais les Paillet n'utilisent pas d'engrais chimiques. Alors, les gendarmes continuent leurs recherches. Le problème, maintenant, c'est que la ferme bio des Paillet a une mauvaise image dans la région. Dans le magasin bio de Vincent, le père de Victoria, les clients discutent. Monsieur Bouzu est là lui aussi.

CLIENTE 1 : C'est criminel de polluer une rivière !

MONSIEUR BOUZU : La ferme des Paillet va avoir de gros problèmes !

VINCENT : Qui a fait ça et pourquoi ?

CLIENTE 1 : Un autre fermier qui déteste les Paillet ?

MONSIEUR BOUZU : Ou peut-être que Paillet a jeté de l'engrais chimique dans la rivière pour avoir l'argent de l'assurance ?

VINCENT : Je suis sûr que non !

CLIENTE 2 : J'ai une autre théorie : les jeunes qui habitent chez les Paillet sont souvent des délinquants. Il ne faut pas chercher longtemps. C'est un des jeunes de la Colo !

VINCENT : Non, ma fille les connait, ils sont sérieux ! Bon, vous la prenez cette confiture ou pas ?

CLIENTE 2 : Euh, oui, ça fait combien ?

VINCENT : Avec les carottes et les tomates, douze euros cinquante.

---

3 **probablement** wahrscheinlich – 11 **polluer qc** etw verschmutzen – 17 **une assurance** Versicherung – 20 **un délinquant/une délinquante** Straffällige(r)

Chapitre 11

Maintenant, Farid vient tous les jours au refuge. Les chats sauvages vont mieux, sauf le chat noir qui est toujours malade. Farid et Victoria sont avec lui dans la chatterie.

FARID : Blacky, il faut manger mon grand !

Victoria : Blacky ? C'est sympa, ce nom ! Ça lui va bien !

Farid : Euh, merci.

Victoria : **Grâce à** toi, Blacky va bientôt aller mieux.

Alma entre dans la chatterie.

Alma : Victoria ! Farid ! Je dois vous raconter quelque chose ! Ce matin, Nathalie et Jean-Marc ont dit que leurs produits se vendent très mal parce que la rivière est polluée.

Farid : Mais les produits des Paillet ne sont pas mauvais ! Ils n'utilisent pas l'eau de la rivière, ils ont une réserve d'eau de pluie pour les cultures !

Alma : Bien sûr, mais les gens mélangent tout !

Victoria : Votre voisin, monsieur Bouzu, dit que les Paillet ont pollué la rivière pour l'argent de l'assurance !

Farid (en colère) : Ce type est faux ! Il est gentil avec les Paillet mais il les critique dans leur **dos**.

Alma : Ouais, il est bizarre, ce type !

---

11 **grâce à qn/qc** dank jdm/etw – 24 **le dos** Rücken

Chapitre 12

C'est la fin du mois de juillet, Nathalie fait les comptes. Si les magasins bio de la région ne changent pas d'avis, elle et son mari vont avoir des problèmes d'argent. Le niveau de nitrates dans l'eau de la rivière diminue chaque jour mais le mal est fait !

Une chance, les jeunes sont très gentils avec Nathalie. Même Éthan ! Mais elle voit bien qu'il n'est pas heureux. Il ne fait rien de ses après-midis. Il reste dans la grange seul à écouter de la musique. Nathalie décide de parler à Alma à son retour du refuge.

NATHALIE : Alma, s'il te plaît, il faut motiver Éthan à aller avec vous au refuge. Tu peux aller le voir ? Il est dans la grange.
ALMA : OK, j'y vais !

Dans la grange, Éthan est sur des bottes de paille. Alma va à côté de lui. Par la fenêtre, ils ont une belle vue sur la rivière.

4 **diminuer** *ici :* senken, abnehmen – 14 **une botte de paille** Strohballen – 15 **une vue** → voir

Alma : C'est joli, tu ne trouves pas ?
Éthan : Plus joli que les immeubles de la banlieue !
Alma : Éthan, tu n'as pas l'air heureux, pourquoi ?
Éthan : Je pense à mon frère. Il est en prison par ma faute.
Alma : Qu'est-ce qui s'est passé ?
Éthan : Pour entrer dans la bande de mon frère, j'ai volé avec lui des vêtements de luxe. Quand on est sortis du magasin, mon frère a couru mais moi, je suis resté sur le trottoir, sans bouger. La police est arrivée et m'a arrêté. J'ai tout raconté. Mon frère est allé en prison, mais pas moi, parce que je suis trop jeune.
Alma : Je comprends ta tristesse, mais je pense que tu as bien fait.

Comme d'habitude quand il est nerveux, Éthan se met à tourner sa bague. Alma change de sujet.
Alma : Elle est jolie ta bague.
Éthan : C'est celle de mon père. Il est mort.
Alma : Je suis désolée pour ton papa.
Éthan : Oh, il est mort depuis longtemps. C'est comme ça !
Alma : Pourquoi tu ne viens pas avec nous demain au refuge ? Il y a plein de chiens super rigolos.
Éthan : Euh ouais, peut-être.

Alma est sûre qu'Éthan va venir au refuge.

---

2 **un immeuble** Gebäude, Wohnhaus – 2 **la banlieue** ≠ le centre-ville – 8 **un trottoir** Bürgersteig – 15 **se mettre à faire qc** commencer à faire qc – 18 **celui/celle/ceux/celles** derjenige/dasjenige/diejenige/diejenigen

Chapitre 13

Le lendemain, au refuge, Éthan va tout de suite voir les chiens difficiles. « Il est courageux ! » pense Victoria. Plus tard, Éthan aide Victoria à porter des bidons d'eau pour donner à boire aux chiens. Farid les voit et pense au jour où Éthan a aidé Jean-Marc à porter les bidons d'engrais chimique. Un bidon est peut-être tombé de la camionnette ? Il décide de questionner Éthan pendant la pause.

Farid : Éthan, t'as cinq minutes, je peux te parler ?
Éthan : Euh, d'habitude, tu n'veux jamais me parler !
Farid : Écoute, c'est sérieux là, fais pas ton cassos !
Éthan : Eh ! Je suis pas un cassos !
Farid : Mais non, pardon ! Dis-moi, quand tu as aidé Jean-Marc à transporter les bidons d'engrais chimique, est-ce qu'il s'est passé un truc bizarre ?
Éthan : Ah OK, le nerd joue au gendarme !
Farid : « Le nerd » ? Tu m'appelles « le nerd » ?
Éthan : Ben toi, tu m'appelles bien « le cassos » ! Alors, non, j'ai rien à te dire !

Alma écoute leur conversation. Elle rigole un peu parce qu'Éthan aussi surnomme Farid « le nerd ». Est-ce que les garçons lui ont donné un surnom à elle aussi ?

Farid : Bon, j'en ai assez ! Je rentre à la ferme.
Alma : N'oublie pas, Victoria dîne chez nous ce soir ! Tu dois préparer la pâte à pizza avec Nathalie !

---

20 **surnommer qn** jdm einen Spitznamen geben

Arrivé à la ferme, Farid est encore énervé et va s'asseoir au bord de la rivière. Tout à coup, il voit un truc qui brille. Il le ramasse. C'est une grosse bague. La bague d'Éthan ? Il la met dans sa poche. Pas très loin, il y a la grange des Paillet où Éthan passe ses après-midis. Farid est curieux et va voir dans la grange. Sur les bottes de paille, Éthan a posé une couverture et un livre de belles voitures. Farid décide de monter sur ce lit qui a l'air bien confortable. Hop, il saute mais il tombe entre deux bottes de paille !

FARID : Aïe ! Merde !

Il est tombé sur un bidon d'engrais chimique vide.

4 **une poche** Tasche (an einem Kleidungsstück)

Chapitre 14

Farid court jusqu'à la maison mais personne n'est là. La camionnette des Paillet est partie.

À ce moment-là, Alma, Victoria et Éthan arrivent à la ferme. Farid marche dans leur direction et montre le bidon d'engrais chimique vide. Il est en colère !

VICTORIA : Mais qu'est-ce qui se passe Farid ?
ALMA : Pourquoi tu es en colère ?
FARID : Demandez à Ethan !
ÉTHAN : Euh, quoi ? De quoi tu parles ?

Alors Farid raconte aux filles et à Ethan sa découverte dans la grange. Il est sûr qu'Éthan est le pollueur de la rivière. Éthan est très choqué et ne dit rien.

ALMA : Mais tu es fou ! Ce bidon d'engrais n'est pas une preuve !
VICTORIA : Tu es méchant Farid ! Je suis sûre qu'Éthan n'a rien fait !
FARID : Vous êtes vraiment naïves, les filles !
ALMA : Farid, Éthan n'est pas un délinquant.
FARID : Vous ne comprenez rien ! Délinquant un jour, délinquant toujours ! J'ai même trouvé ta bague près de la rivière. La voilà !

15 **méchant/méchante** böse – 17 **naïf/naïve** naiv

Le visage d'Ethan est tout blanc. Il prend le bras d'Alma pour ne pas tomber.

ÉTHAN : Mais ce n'est pas ma bague ! Regarde, ça, c'est ma bague !

Éthan montre sa main avec la bague de son père.

ALMA : OK, calmez-vous les garçons. Farid, tu peux me montrer la bague que tu as trouvée ?

Alma regarde la bague.

ALMA : C'est le style des bagues de monsieur Bouzu, non ?
ÉTHAN : Bouzu ? Mais c'est mon ami !
VICTORIA : J'ai bien peur que non…
FARID : Alma a raison ! Bouzu est louche. C'est lui le coupable !
VICTORIA : Farid, calme-toi ! Nous n'avons pas de preuve.
FARID : Alors, on va chercher des preuves chez lui ! Sa voiture n'est pas dans la cour. C'est le moment !

Farid court vers la ferme de monsieur Bouzu. Victoria, Alma et Éthan hésitent un instant puis courent derrière Farid.

VICTORIA : Avec vous, les amis, c'est l'aventure !

Alma est heureuse, Victoria a utilisé le mot « ami » !

---

12 **un/une coupable** Schuldige(r) – 17 **hésiter** zögern

Chapitre 15

Les quatre amis arrivent devant la maison de monsieur Bouzu. Bien sûr, la porte est fermée mais il y a une fenêtre ouverte au premier étage.

FARID : Il faut passer par cette fenêtre. Mais comment ?
ALMA : Il y a peut-être une échelle dans la grange ?
VICTORIA : Euh, c'est interdit de faire ça !
ÉTHAN : Oui, mais maintenant, je veux savoir si Bouzu est le coupable !
VICTORIA : OK, mais on fait vite !

Farid va chercher une échelle et la pose contre le mur. Alma monte la première, passe par la fenêtre et descend vite pour ouvrir la porte à ses amis. Farid va ranger l'échelle à sa place.

Dans le salon, sur une grande table, il y a des plans d'architecte.

VICTORIA : Tiens, il veut rénover sa ferme votre voisin ?

5 **une échelle** Leiter

Farid : Fais voir ? Non, c'est pas vrai ! Regardez, il veut construire une piscine gigantesque dans le champ de fleurs sauvages des Paillet !

Alma : Oh merde ! C'est quoi cette histoire ?

Victoria : Regardez le titre du dossier : « Complexe hôtelier de charme dans la campagne bretonne ».

Éthan : Mais qu'est-ce que ça veut dire ?

Alma : Ethan, ça veut dire que Bouzu veut acheter la propriété des Paillet pour la transformer en hôtel.

Farid : Et comme ils ne veulent pas vendre, il a pollué la rivière ! Et maintenant, les Paillet ont des problèmes d'argent.

Victoria : Et la seule solution pour eux, c'est de vendre !

Alma : C'est criminel !

Éthan : Quel traitre !

À ce moment-là, les jeunes entendent un moteur de voiture de sport. Paniquée, Victoria fait tomber les documents. Alma ramasse quelques feuilles, puis les jeunes sortent vite et courent se cacher dans la grange. Derrière un tracteur, Alma appelle Nathalie avec le portable de Victoria.

Nathalie : Allô ?

Alma : C'est moi, Alma. On est dans la grange de Bouzu. C'est lui le pollueur ! Il a fait ça pour avoir votre ferme ! Je vous envoie une photo des preuves.

Nathalie : Quoi ? Qu'est-ce que tu racontes Alma ?

Alma raccroche parce qu'elle entend monsieur Bouzu derrière la porte de la grange. Monsieur Bouzu entre avec une fourche à la main. Les jeunes ne font pas de bruit.

---

9 **transformer qc** changer qc – 14 **un traitre/une traitresse** Verräter(in) – 18 **se cacher** sich verstecken – 25 **raccrocher** auflegen – 27 **une fourche** Gabel

Chapitre 16

Tout à coup, monsieur Bouzu entend des personnes parler dans la cour. Il sort de la grange. Jean-Marc et Nathalie sont là.

Monsieur Bouzu : Qu'est-ce que vous faites ici ?

Jean-Marc : La question, c'est plutôt : Qu'est-ce que vous faites avec une fourche à la main, monsieur Bouzu ? Vous allez chercher de la paille ?

Monsieur Bouzu : Euh, non ! Des personnes sont entrées chez moi. Tous mes papiers sont par terre dans le salon. J'ai entendu du bruit dans la grange.

Une voiture de la gendarmerie arrive dans la cour.

Monsieur Bouzu : Ah ! Parfait !

Un Gendarme : Monsieur Bouzu, montez dans la voiture, s'il vous plaît, nous allons à la gendarmerie.

Monsieur Bouzu : Mais c'est un scandale ! Des gens entrent chez moi quand je ne suis pas là et c'est moi qu'on arrête !

Les jeunes sortent de la grange avec trois bidons d'engrais chimique et les plans d'architecte.

Monsieur Bouzu : Mais… qu'est-ce que vous faites là ?

Éthan : : On a trouvé ces bidons dans la grange ! Qu'est-ce que ça veut dire ?

Monsieur Bouzu : C'est une erreur ! Je n'ai pas pollué la rivière !

Alma : Et ces plans d'architecte, c'est aussi une erreur ?

Le Gendarme : Venez avec nous, monsieur Bouzu. On va parler de tout ça à la gendarmerie. Et vous, les jeunes, vous venez demain à la gendarmerie.

Les gendarmes partent avec monsieur Bouzu.

Nathalie (stressée) : Ça va les jeunes ? Quelle histoire !
Alma : Ça va.
Jean-Marc : C'est dangereux de jouer aux gendarmes !
Victoria : Mais vous êtes arrivés au bon moment !
Farid : Excuse-moi, Éthan, je t'ai accusé trop vite. Tu dois être très en colère contre moi.
Éthan : Ouais, je suis super en colère contre toi et contre Bouzu !

Chapitre 17

Voici la page du journal d'Alma le jour où les gendarmes ont arrêté monsieur Bouzu :

> *Jour 18*
> *Bouzu a tout avoué. Il a pollué la rivière et il a voulu qu'on accuse Éthan. Éthan, lui, il est toujours sous le choc et il est encore en colère contre Farid. L'ambiance n'est pas super. J'espère que ça va changer !*

Puis les jours ont passé et le mois d'août a commencé. Les analyses de l'eau ont montré de bons résultats. Un jour, Farid est arrivé à la ferme avec deux cannes à pêche : une pour lui, une pour Éthan. D'abord, Éthan a hésité puis il a accepté. Pendant la pêche, ils ont décidé d'aider les Paillet à retrouver leurs anciens clients. Victoria et Alma vont les aider.

Victoria a filmé ses amis à la ferme et au marché le dimanche. Dans ses vidéos, elle a expliqué les méthodes bio de la ferme des Paillet et a montré que la rivière n'est plus polluée. Un influenceur célèbre les a repostées et maintenant, la ferme est connue dans toute la France ! Alors, les magasins bio ont recommmencé à passer des commandes. Les Paillet sont heureux.

Au marché, pour le dernier dimanche des vacances, le stand des Paillet a beaucoup de clients. Alma, Farid, Éthan et Victoria sont des vendeurs très sympathiques. À la pause, ils discutent.

FARID : Mes parents viennent me chercher demain et vous ?
ALMA : Éthan et moi, on rentre ensemble en train.

---

4 **avouer** zugeben – 10 **une canne à pêche** Angelrute – 13 **ancien/ancienne** alt – 17 **célèbre** très connu(e) (berühmt)

Victoria : Ça va être triste sans vous, les amis.

Éthan : En fait, j'aime bien la vie à la ferme. Il y a un lycée agricole pas loin d'ici, je vais peut-être y aller comme interne, alors on va se revoir Victoria !

Victoria : C'est trop cool !

Farid : Et moi, l'été prochain, je travaille chez ton père !

Victoria (elle rigole) : Mais c'est génial ! Et toi Alma ?

Alma : Je ne sais pas quand je vais revenir.

Victoria : Alors, je viens te voir à Paris aux prochaines vacances. D'accord ?

Alma : Super ! Tu es une vraie amie Victoria ! J'ai beaucoup de chance.

Et les chats sauvages, dans tout ça ? Ils vivent bien sûr leur vie passionnante de chats sauvages ! Et Blacky attend avec impatience le retour de Farid l'été prochain.

---

2 **un lycée agricole** agrarwissenschaftliches Gymnasium

Activités

Avant la lecture et l'écoute

1. **Lis le titre du livre et regarde la couverture. Réponds aux questions :**

   a) Qu'est-ce que tu vois ? Décris les personnages.
   b) Qu'est-ce qui va se passer dans l'histoire ? Fais des hypothèses.

2. **Avec un dictionnaire, fais un filet de mots sur le thème de la nature.**

Pendant la lecture et l'écoute

Chapitre 1

1. **Lis et écoute le chapitre 1 et coche si les informations sont vraies ou fausses. Corrige les informations fausses dans ton cahier.**

   a) Aujourd'hui, trois jeunes arrivent à la ferme de Nathalie et Jean-Marc.
   ☐ vrai ☐ faux

   b) Les trois jeunes s'appellent : Hoshi, Éthan et Farid.
   ☐ vrai ☐ faux

   c) Ils ont gagné des vacances en Bretagne.
   ☐ vrai ☐ faux

   d) Éthan est allé en prison.
   ☐ vrai ☐ faux

   e) À la ferme, ils vont travailler avec Nathalie et Jean-Marc et aussi nager dans la rivière.
   ☐ vrai ☐ faux

2. **Tu connais la Bretagne ? Regarde sur la carte de France dans ton manuel de français et barre les mauvaises réponses dans le texte suivant.**

   La Bretagne est un département/une région qui se situe dans le sud-ouest/dans le nord-ouest de la France. Rennes/La Rochelle/Carnac/Saint-Malo et Brest sont des villes bretonnes.

3. Commence des fiches d'informations sur les personnages. Indique leur nom, leur âge et des informations sur leur famille, sur leur(s) loisir(s), leur caractère, leur aspect physique.

4. Apprends le nouveau vocabulaire en ligne.

Chapitre 2

1. Lis et écoute le chapitre 2 et coche la ou les bonnes réponses.

a) Qu'est-ce que les jeunes font le soir de leur arrivée ?
- ☐ Ils écoutent de la musique.
- ☐ Alma et Éthan aident à préparer le dîner mais Farid regarde la télé.
- ☐ Les trois jeunes aident à préparer le dîner.

b) Éthan n'aime pas le gratin de légumes alors…
- ☐ il ne mange rien.
- ☐ il prend de la salade de tomates.
- ☐ il mange mais il dit que ce n'est pas bon.

c) Qu'est-ce que les jeunes vont faire le lendemain à la ferme ?
- ☐ Ils vont cueillir des fleurs.
- ☐ Ils vont cueillir des fraises.
- ☐ Ils vont faire des confitures.

d) Pourquoi Farid est perplexe ?
- ☐ Il n'aime pas la campagne.
- ☐ Il n'aime pas trop le look de rappeur d'Éthan.
- ☐ Il trouve Alma bizarre.

e) Pourquoi Alma est contente ?
- ☐ Elle a peut-être trouvé deux nouveaux amis.
- ☐ Demain, elle va nager dans la rivière.
- ☐ Elle va revoir ses grands-parents.

f) Pourquoi Éthan est énervé ? Parce
- ☐ qu'il a perdu son portable.
- ☐ qu'il n'aime pas les tomates.
- ☐ que son frère est en prison.

2. Complète tes fiches sur les personnages de l'histoire.

a **3. Apprends le nouveau vocabulaire en ligne.**

Chapitre 3

1. Écoute le chapitre 3 jusqu'à « dans sa chambre ». Qu'est-ce que les personnages ont fait ? Relie les personnages à leurs actions. Entoure la bonne forme du verbe avoir.

1) Éthan •	• a) a / ont cueilli des fraises.
2) Alma •	• b) a / ont mis du compost autour des tomates.
3) Farid •	• c) a / ont fait des confitures.

2. Lis le journal d'Alma dans le chapitre 3. Que voit Alma quand elle regarde par la fenêtre de sa chambre ? Représente ce paysage sous forme d'un dessin ou d'un collage.

3. Lis le chapitre 3 en entier et coche le bon résumé.

- ☐ a) Cet après-midi les trois jeunes nagent dans la rivière et s'amusent.
- ☐ b) Cet après-midi, Alma écrit son journal, Éthan dort dans la grange et Farid est au magasin bio avec Nathalie.
- ☐ c) Cet après-midi, Jean-Marc et Nathalie mettent du compost autour des tomates.

4. Farid rencontre Victoria dans le magasin bio. Complète le texte aves les informations du chapitre 3.

Le père de Victoria s'appelle ____________________ . Il est le ____________________ du magasin bio. La mère de Victoria est la cheffe d'un ____________________ pour animaux. Victoria cherche des personnes pour aider au refuge où il y a des ____________________ et des ____________________. Victoria aussi aime jouer aux ____________________. Mais elle n'a pas le ____________ de jouer car elle fait des ____________________ des animaux sur Insta. Elle invite Farid au refuge. Farid trouve que Victoria a beaucoup d'____________________ .

5. **Complète tes fiches sur les personnages de l'histoire.**

a 6. **Apprends le nouveau vocabulaire en ligne.**

Chapitre 4

1. **Lis et écoute le chapitre 4 et coche si les informations sont vraies ou fausses. Corrige les informations fausses dans ton cahier.**

   a) Quand Farid arrive à la ferme, il y a une grosse moto dans la cour.
   ☐ vrai ☐ faux

   b) Dans la grange, Jean-Marc parle avec un visiteur.
   ☐ vrai ☐ faux

   c) Le visiteur a hérité de la ferme d'Albert, le voisin de Jean-Marc et Nathalie.
   ☐ vrai ☐ faux

   d) Monsieur Bouzu est le fils d'Albert.
   ☐ vrai ☐ faux

   e) Il veut vivre dans la ferme d'Albert toute l'année.
   ☐ vrai ☐ faux

   f) Jean-Marc n'utilise pas d'engrais chimiques.
   ☐ vrai ☐ faux

2. **Complète tes fiches sur les personnages.**

a 3. **Apprends le nouveau vocabulaire en ligne.**

Chapitre 5

1. Lis et écoute le chapitre 5 deux fois et prends des notes (qui, quoi, où ?). Ensuite, coche le bon résumé.

- ☐ a) Au refuge, Alma et Victoria donnent des croquettes aux chats sauvages. Farid donne de l'eau aux chiens difficiles. Plus tard, Farid aide Victoria à tourner une vidéo.
- ☐ b) Aujourd'hui, Alma vient au refuge pour adopter un chaton. Victoria et Farid donnent des informations à Alma.
- ☐ c) Aujourd'hui, Alma découvre le refuge avec Farid. Puis elle rencontre Victoria. Elle la trouve très sympa. Farid donne des croquettes aux chats sauvages à côté de la rivière.

2. Complète les phrases.

a) Les chiens difficiles •		• 1) sont en liberté.
b) Les chiens faciles •		• 2) sont dans la chatterie.
c) Les chats et les chatons •		• 3) sont dans des enclos.
d) Les chats sauvages •		• 4) sont dans la nature.

3. Complète tes fiches sur les personnages.

4. Salade de lettres: Mets les lettres dans le bon ordre et ajoute l'article indéfini (un, une, des).

HTETAEICR → ______________________

COSLNE → ______________________

AISPARD → ______________________

ESTTECORUQ → ______________________

a 5. Apprends le nouveau vocabulaire en ligne.

Chapitre 6

1. Lis et écoute le chapitre 6 et coche la ou les bonnes réponses.

a) Qui arrive pendant le dîner ?
- [ ] Victoria
- [ ] Vincent
- [ ] Monsieur Bouzu

b) Qu'est-ce que monsieur Bouzu apporte ?
- [ ] un dessert
- [ ] un kouign-amann
- [ ] une tarte aux pommes

c) Le kouign-amann, qu'est-ce que c'est ?
- [ ] un dessert
- [ ] un gâteau britannique
- [ ] un gâteau breton

d) Qu'est-ce que monsieur Bouzu propose de faire plus tard ?
- ☐ un tour en tracteur
- ☐ un tour en moto
- ☐ un tour dans sa voiture de sport

2. a) Cherche sur Internet la recette du kouign-amann. Quels sont les principaux ingrédients pour faire ce gâteau ? Note-les dans ton cahier.
b) Dans cette liste, il y a un ingrédient inutile pour fabriquer le kouign-amann. Souligne cet ingrédient.

le beurre　　la farine　　les œufs　　la levure
le chocolat　　le sel　　le sucre

En plus
Connais-tu d'autres spécialités bretonnes ? Tu peux utiliser Internet pour t'aider. Note les autres spécialités dans ton cahier et compare tes résultats avec ceux de tes camarades.

3. Apprends le nouveau vocabulaire en ligne.

Chapitre 7

1. Écoute le chapitre 7 deux fois et complète le texte.

ÉTHAN : Mon frère va parfois à des courses de

________________________ .

MONSIEUR BOUZU : Ah, ton frère a l'air cool !

ÉTHAN : Ouais mais il a des ______________________

avec la police.

MONSIEUR BOUZU : Oh ! Tu sais, on fait tous des

bêtises quand on est ____________________________

Moi, j'ai volé une ______________________________ .

JEAN-MARC : Oh mais ce n'est pas bien du tout !

MONSIEUR BOUZU : Oui, je sais. Cette ______________________ de jeunesse est une bonne ___________________________ . Maintenant, je ____________________________ dur pour me payer de ______________________________ !

2. **Maintenant lis le chapitre 7 et vérifie tes réponses à l'activité 1.**

3. **À la fin du chapitre 7, Nathalie explique qu'elle va parler avec Farid et Alma. Imagine le dialogue entre Nathalie, Alma et Farid.**

4. **Complète tes fiches sur les personnages.**

a 5. **Apprends le nouveau vocabulaire en ligne.**

Chapitre 8

1. **Lis et écoute le chapitre 8 et coche si les informations sont vraies ou fausses. Corrige les informations fausses.**

   a) Nathalie parle à Alma et Farid dans la cuisine.
   ☐ vrai ☐ faux

   b) Farid n'a pas envie d'avoir Éthan avec lui au refuge.
   ☐ vrai ☐ faux

   c) Farid dit qu'Éthan ne veut pas venir au refuge.
   ☐ vrai ☐ faux

d) Au refuge, les chats sauvages sont malades.
☐ vrai ☐ faux

e) Farid reste au refuge.
☐ vrai ☐ faux

f) Farid voit un truc bizarre.
☐ vrai ☐ faux

2. Imagine la suite de l'histoire en quelques lignes. Qu'est-ce que Farid a vu de bizarre? Qu'est-ce qu'il va faire? À deux, racontez-vous votre suite de l'histoire.

3. Complète tes fiches sur les personnages.

4. Apprends le nouveau vocabulaire en ligne.

Chapitre 9

1. Écoute le chapitre 9 et relie les personnages à leurs actions.

1) Alma •
2) Farid •
3) Éthan •
4) Victoria •

• a) devient nerveux/nerveuse quand on parle des gendarmes.
• b) a vu deux poissons morts dans la rivière.
• c) a été nul/nulle hier.
• d) a donné des médicaments aux chats sauvages.

2. Lis le chapitre 9 et vérifie tes réponses à l'activité 1.

3. **Qu'est-ce qu'Alma et Farid ont compris ? Aide-toi de ces mots pour écrire ta réponse.**

le problème   l'eau   peut-être que   venir de   rivière

4. **Complète tes fiches sur les personnages.**

a 5. **Apprends le nouveau vocabulaire en ligne.**

Chapitre 10

1. **Lis et écoute le chapitre 10. Puis ferme ton livre et coche la ou les bonnes réponses.**

a) Les analyses de l'eau de la rivière montrent
- ☐ qu'il n'y pas de problème avec l'eau de la rivière.
- ☐ qu'il n'y a pas assez de nitrates dans la rivière.
- ☐ qu'il y a trop de nitrates dans la rivière.

b) Les nitrates viennent
- ☐ des problèmes climatiques.
- ☐ d'engrais chimiques.
- ☐ de la pluie.

c) Les gendarmes interrogent les Paillet
- ☐ parce qu'ils utilisent des engrais chimiques.
- ☐ parce qu'ils ont une ferme bio.
- ☐ parce que leur ferme est à côté de la rivière.

2. **Dans le magasin bio de Vincent, les clients discutent ! Qui a pollué la rivière ? Quelles sont les hypothèses des clients et de monsieur Bouzu ?**

3. **Discutez à deux : À votre avis, qui a pollué la rivière ?**

4. **Joue la scène avec tes camarades.**

5. **Complète tes fiches sur les personnages.**

6. **Apprends le nouveau vocabulaire en ligne.**

Chapitre 11

1. **Lis et écoute le chapitre 11 et souligne dans le résumé les cinq informations fausses.**

   Farid a donné un nom au chat blanc. Il l'appelle Blacky. Victoria dit que les produits des Paillet se vendent très mal. Vincent a imaginé que les Paillet ont pollué la rivière pour l'argent de l'assurance ! Farid et Alma trouvent que le voisin, monsieur Bouzu, est très sympa et honnête.

2. **Écris le résumé corrigé dans ton cahier.**

3. **Complète tes fiches sur les personnages.**

4. **Apprends le nouveau vocabulaire en ligne.**

Chapitre 12

1. **Écoute le chapitre 12 et coche si les informations sont vraies ou fausses.**

   a) Nathalie et Jean-Marc vont avoir beaucoup d'argent.
   ☐ vrai ☐ faux

   b) Le niveau de nitrates dans la rivière diminue alors tout va bien !
   ☐ vrai ☐ faux

   c) Alma va dans la grange pour parler à Éthan.
   ☐ vrai ☐ faux

   d) Éthan a volé des vêtements avec son frère.
   ☐ vrai ☐ faux

   e) Le frère d'Éthan est toujours en prison.
   ☐ vrai ☐ faux

   f) Le père d'Éthan est mort il y a longtemps.
   ☐ vrai ☐ faux

2. **Lis maintenant le chapitre 12 et vérifie tes réponses à l'activité 1. Corrige les informations fausses dans ton cahier.**

3. **Complète tes fiches sur les personnages.**

4. **Apprends le nouveau vocabulaire en ligne.**

Chapitre 13

1. **Lis et écoute le début du chapitre 13 jusqu'à « pendant la pause » (l. 7, p. 29). Explique pourquoi Farid pense tout à coup aux bidons d'engrais chimiques.**

2. **Maintenant lis et écoute le chapitre 13 jusqu'à la fin et coche la ou les bonnes réponses.**

   a) Farid
   - ☐ dit à Éthan qu'il est un cassos.
   - ☐ dit à Éthan qu'il doit donner à manger aux chats.
   - ☐ demande à Éthan s'il a remarqué quelque chose quand il a porté les bidons d'engrais avec Jean-Marc.

   b) Éthan répond à Farid
   - ☐ qu'il n'a rien remarqué.
   - ☐ qu'il a vu un bidon tomber dans la rivière.
   - ☐ que Farid joue au gendarme.

   c) Plus tard, Farid voit un truc qui brille au bord de la rivière.
   - ☐ C'est la bague d'Éthan.
   - ☐ C'est une petite bague.
   - ☐ C'est un collier.

   d) Quand Farid tombe entre deux bottes de paille, qu'est-ce qu'il voit ?
   - ☐ la bague d'Éthan
   - ☐ un livre de belles voitures
   - ☐ un bidon d'engrais chimique

3. **Complète tes fiches sur les personnages.**

4. **Apprends le nouveau vocabulaire en ligne.**

Chapitre 14

1. **Lis et écoute le chapitre 14 puis mets dans l'ordre les évènements a) à h) de ce chapitre. Écris un numéro à côté de l'évènement. Ensuite, écris-les dans le bon ordre dans ton cahier. Utilise les connecteurs : d'abord, ensuite, puis, après, alors**

	a) Farid montre le bidon d'engrais chimique vide à Alma, Victoria et Éthan.
	b) Farid explique tout à Alma, Victoria et Éthan.
	c) Farid montre la bague à Alma.
	d) Alma trouve que Farid est fou.
	e) Alma reconnait la bague de monsieur Bouzu.
	f) Farid court jusqu'à la maison mais personne n'est là.
	g) Éthan est très choqué.
	h) Farid court vers la grange du voisin.

2. **Apprends le nouveau vocabulaire en ligne.**

Chapitre 15

1. Écoute le chapitre 15 et coche si les informations sont vraies ou fausses.

a) Farid, Éthan et Alma veulent entrer dans la maison de monsieur Bouzu mais Victoria n'est pas d'accord.
☐ vrai ☐ faux

b) Victoria passe par la fenêtre.
☐ vrai ☐ faux

c) Dans le salon, sur la table, il y a des plans d'architecte.
☐ vrai ☐ faux

d) Monsieur Bouzu veut transformer la maison des Paillet en hôtel.
☐ vrai ☐ faux

e) Farid dit que monsieur Bouzu a pollué la rivière.
☐ vrai ☐ faux

f) Victoria appelle Nathalie.
☐ vrai ☐ faux

2. Corrige les informations fausses de l'activité 1 dans ton cahier.

3. Et maintenant? À deux, imaginez la suite de ce chapitre. Qu'est-ce qui va se passer dans la grange? Est-ce que Bouzu va découvrir les jeunes dans la grange? Est-ce que les jeunes vont avoir des problèmes? Quels problèmes ?

4. Apprends le nouveau vocabulaire en ligne.

Chapitre 16

1. **Lis d'abord le texte ci-dessous deux fois puis lis le chapitre 16. Ensuite, souligne dans le résumé les quatre informations qui ne sont pas dans le chapitre 16.**

   Monsieur Bouzu sort de la grange parce qu'il entend du bruit. Dans la cour, il y a Nathalie et Jean-Marc. Ils sont venus avec les gendarmes. Des personnes sont entrées chez monsieur Bouzu. Elles ont cassé sa porte d'entrée. Monsieur Bouzu doit monter dans la voiture des gendarmes. Il est très calme. Les jeunes sortent alors de la grange avec des bidons d'engrais chimiques. Monsieur Bouzu dit qu'il a pollué la rivière. Après, les jeunes parlent avec les Paillet. Ensuite, Farid fait ses excuses à Éthan.

a 2. **Apprends le nouveau vocabulaire en ligne.**

Chapitre 17

1. **Lis et écoute le chapitre 17 et coche si les informations sont vraies ou fausses. Corrige les informations fausses dans ton cahier.**

   a) Monsieur Bouzu a tout avoué aux gendarmes.
   ☐ vrai ☐ faux

   b) Éthan n'est plus en colère contre Farid.
   ☐ vrai ☐ faux

   c) Maintenant, la rivière n'est plus polluée.
   ☐ vrai ☐ faux

d) Éthan et Farid sont allés à la pêche ensemble. Éthan n'est plus en colère contre Farid.
☐ vrai ☐ faux

e) Dans ses vidéos, Victoria montre les jeunes quand ils sont à la pêche.
☐ vrai ☐ faux

f) Un influenceur célèbre a reposté les vidéos de Victoria.
☐ vrai ☐ faux

2. Que vont faire les jeunes ensuite ? Relie les personnages à leurs projets.

1) Alma •	• a) va travailler au magasin bio.
2) Farid •	• b) va aller dans un lycée agricole.
3) Éthan •	• c) ne sait pas quand il/elle va revenir.
4) Victoria •	• d) va aller à Paris.

3. Complète tes fiches sur les personnages.

4. Apprends le nouveau vocabulaire en ligne.

Après la lecture et l'écoute

1. **Est-ce que tu as aimé lire et écouter cette histoire ? Explique pourquoi.**

2. **Quel(s) personnage(s) as-tu préféré(s) ? Explique pourquoi.**

3. **À deux, réfléchissez à un titre pour chaque chapitre de l'histoire.**

4. **Écris une critique de l'histoire dans laquelle tu présentes l'histoire, tu résumes puis donnes ton avis sur l'histoire en quelques lignes.**

5. **Activités au choix :**

   a) Imagine que tu es Alma et que tu continues à écrire ton journal quand tu arrives chez toi à Paris. Qu'est-ce que tu écris ?

   b) Choisis un chapitre et dessine-le sous forme de BD.

   c) Fais un exposé sur une ferme bio.

Liste des abréviations

etw	etwas
f	féminin
fpl	féminin pluriel
fam	familier
jdm	jemandem
jdn	jemanden
m	masculin
qc	quelque chose
qn	quelqu'un